DECLARATION

IMPRIMERIE DE A. PECHADE.

Je soussigné, déclare avoir l'intention d'imprimer pour *16 GAP ink* un ouvrage ayant pour titre : *ni République, ni Monarchie, la liberté synthèse politique*

lequel je me propose de tirer à *1000* exemplaires, en format *6pne ap.88 par 1 in* feuille d'impression.

A Bordeaux, le *23 Février* 1871

NI RÉPUBLIQUE, NI MONARCHIE

LA LIBERTÉ

SYNTHÈSE POLITIQUE

PAR

J.-B.-X. PINTRE

Auteur de l'analyse intitulée : CATÉCHISME DU CITOYEN

————————◦◦◦◦◦————————

ART. 6. — Le droit de manifester sa pensée et ses opinions, soit par la voie de la presse, soit de toute autre manière, le droit de s'assembler paisiblement, le libre exercice des cultes ne peuvent être interdits.

ART. 29. — Le droit de présenter des pétitions aux dépositaires de l'autorité publique, ne peut, en aucun cas, être INTERDIT, SUSPENDU NI LIMITÉ.

En vente chez tous les libraires, et chez l'auteur, à Bordeaux

BORDEAUX

IMPRIMERIE Vᵉ PECHADE FILS AINÉ

12, Rue du Parlement-Saint-Pierre, 12

—

1871

DE LA FÉDÉRATION

Art. 6. — Le droit de manifester sa pensée et ses opinions, soit par la voie de la presse soit de toute autre manière, le droit de s'assembler paisiblement, le libre exercice des cultes ne peuvent être interdits.

Art. 29. — Le droit de présenter des pétitions aux dépositaires de l'autorité publique, ne peut en aucun cas, être INTERDIT, SUSPENDU NI LIMITÉ.

L'âme émue d'une patriotique douleur en face des événements politiques qui semblent mener la France à la ruine morale et matérielle, j'ai recherché les causes d'un pareil état de choses.

Jeune encore, sans attaches politiques, n'ayant en face de moi aucun programme qui satisfasse ma conscience, je me suis tenu à l'écart, étudiant le mal dans sa plus grande effervescence.

A l'heure où les masques tombent, au moment où l'œil peut aller jusqu'à la source des choses, j'ai cherché à analyser toutes les idées en lutte dans leurs causes et dans leurs effets. Je me suis convaincu que nul système n'est par lui-même parfait; que l'absolu ne peut être le vrai; que chaque synthèse politique, outre l'influence des milieux sociaux, subit nécessairement les conséquences de la lutte ÉTERNELLE que le BIEN et le MAL se livrent sur leur ÉTERNEL champ de bataille, la création : Donc faire dépendre le bonheur ou le malheur des peuples d'une forme particulière de gouvernement est, en général, l'inverse du vrai.

Un régime est bon ou mauvais, s'il est ou non conforme au tempérament et aux mœurs d'un peuple : il doit être la forme tangible de son esprit politique.

Or, depuis 89, la France n'a été qu'un instant elle-même, c'est aux premiers jours de sa rénovation; depuis lors, et au lendemain des états généraux, ses hommes d'Etat n'ont été que des plagiaires, demandant aux nations passées ou présentes des formes d'état qui ont pu ou qui peuvent encore faire merveille chez des peuples tout autres que nous: nous avons eu des régimes, nous n'avons pas eu NOTRE RÉGIME.

Donc, nous nous agiterons dans un perpétuel malaise, jusqu'à ce que nous ayons trouvé un mode de vivre conforme à nos mœurs, à nos intérêts et à nos aspirations.

Là ne s'arrête pas le mal.

Huit générations tournant dans ce cercle vicieux à la suite de l'idole du jour, suivant tantôt un drapeau, tantôt un autre, détruisant en une heure ce qu'elles avaient mis de longues années à construire, ayant toutes les forces voulues pour faire le bien, mais n'ayant rien fait de durable, imitant toujours et ne créant jamais; huit générations, épuisées par leur propres excès, ont frappé la nation de je ne sais quelle ineptie politique.

Notre société, plus folle d'elle-même que les précédentes pour ne pas chercher une idée, lasse avant le combat, accepte des théories toutes faites. Elle a vu tomber tour à tour les divers systèmes préconisés par ses chefs de parti, elle prévoit leur sort, mais elle s'y attache avec une conviction factice et les défend avec une foi d'emprunt.

Arrière ces jeunes hommes sans originalité! Arrière ces pâles reflets de générations qui vont à la tombe!

Et puis, des avocats partout, des hommes d'Etat nulle part. Dans la vie des peuples, lorsque l'avocat pullule, c'est un signe des temps infaillible : la ruine est proche !... Malheur aux sociétés qui se mettent servilement à la queue, à la remorque de ces trafiquants de la conviction, de ces vendeurs de la parole ! La pensée faite chose vénale, voilà nos héros.....

Ainsi donc, la double source de nos maux est là. A l'œuvre et cherchons à nous tracer un programme qui renferme des idées nouvelles ou des applications neuves d'idées déjà admises.

Je crois, et la raison comme les plus belles conquêtes de l'esprit humain confirment que les nations comme l'individu ont leur libre arbitre; qu'elles en jouissent alors même que dans un lâche mutisme elles courent à la servitude ou à la ruine.

En effet, l'histoire nous démontre surabondamment qu'elles recueillent le fruit de leurs actes, même de ceux tacitement consentis. Or, tout système niant aux nations la libre possession d'elles-mêmes, quelles qu' soient les circonstances, conclurait forcément au fatalisme, au fatalisme réprouvé par les plus belles intelligences dans toutes les synthèses religieuses les plus pures et les plus civilisatrices.

Le pouvoir est donc l'exercice du droit primordial qu'ont les nations de disposer d'elles-mêmes.

Le pouvoir, cette volonté des nations qui tantôt brille grande et forte, tantôt se prostitue et tombe, triste exemple des faillibilités humaines; le pouvoir est la manifestation de la volonté du plus grand nombre d'individus ou de collectivités d'individus, et cette volonté s'affirme soit spontanément, soit dans des formes consacrées et solennelles, soit tacitement sous l'empire de passions déplorables ou de craintes pusillanimes.

La nation n'est pas la négation de l'individu ou des collectivités qui ont leur vies propres et leurs droits inaliénables.

De même le pouvoir n'est pas l'absorbtion de la volonté individuelle ou collective.

La nation est l'union des forces morales ou matérielles des individus et des collectivités, pour la bonne gestion d'intérêts communs.

De même le pouvoir est la compensation de la volonté de tous.

Le pouvoir comme la volonté, en face d'un intérêt général, a trois phases distinctes dans ses manifestations : il préconçoit, il décide, il exécute.

Comme la volonté chez l'individu, le pouvoir d'une nation s'exerce dans deux ordres de faits : les uns intimes ne devant, ne pouvant intéresser qu'elle-même ; les autres plus ou moins liés à des intérêts étrangers : de là ses INSTITUTIONS et sa POLITIQUE.

Dans ces deux ordres de faits et dans chacune de ses

phases, la volonté d'un peuple revêt deux caractères différents : en politique, elle est préservatrice ou envahissante, c'est-à-dire *offensive* ou *défensive*; en institutions, elle règle les rapports de la liberté individuelle ou collective avec le pouvoir, ou bien elle règle les intérêts, les droits et les devoirs de tous et de chacun, c'est-à-dire qu'elle est ou *constituante* ou *législative*.

En politique comme en institutions, pour l'exécutif, le vote ou l'initiative, la nation peut agir par elle-même ou par mandataires. Elle peut en avoir *un* ou *plusieurs*, avec délégation viagère, héréditaire, à temps défini ou indéfini; son mandat peut être discrétionnaire ou impératif, exercé personnellement ou collectivement, d'une façon limitée ou illimitée.

De ce qui précède, on peut en conclure que les régimes possibles sont innombrables, puisque chaque mode de distribuer les mandats, constitue un régime à part.

Le pouvoir étant dans la nation et sa chose propre, le mandat vient de la nation, qu'elle le transmette par un acte bien défini de sa volonté, ou qu'elle y acquiesce par tacite consentement.

Le mandat n'aliène pas le pouvoir, il en transfère l'exercice: donc contrôler est un droit imprescriptible de la nation. Ce droit, elle peut l'exercer directement ou par mandataires.

L'individu, les collectivités, les mandataires eux-mêmes, faisant partie de la nation, les actes de tout dépositaire du pouvoir sont passibles de la censure de chacun dans des limites que je définis ainsi : La vie publique et la vie privée sont deux, la censure ne peut atteindre que des faits résultant de la mauvaise exécution d'un mandat public, sinon le censeur viole la liberté individuelle du mandataire; la censure n'acquière de force morale que par le nombre d'individus ou d'intérêts qui protestent, et elle n'a de force légale et définitive que lorsque la nation la consacre par un plébiscite ou une révolution.

Les révolutions sont impies et amènent rarement un progrès irréprochable : œuvres de colère, elles ne sont que l'effet de ce qui les précèdent et jamais la cause de ce qui le cuit.

Les plébiscites sont la seule manifestation vraiment grande de la volonté d'un peuple, parce qu'ils sont moins une protestation contre le passé qu'une résolution solennelle et calme pour l'avenir.

Malheur aux institutions qui, pour ne pas définir d'une façon positive le fonctionnement de ce moyen pacifique de vider les plus difficiles querelles, ne laissent aux peuples qu'un moyen maudit, la violence.

M'appuyant sur ces bases générales de toute politique, je me suis demandé quel régime possible pouvait-être celui qui convenait le plus à nos mœurs, reflets de notre passé; à nos intérêts, préoccupation du présent; à nos aspirations, prélude de l'avenir?

· · · · ·

QUAND A LA FORME? — Le choix d'un chef de l'Etat est le privilège exclusif du peuple en qui est toute souveraineté. Le peuple seul peut statuer si ce chef de l'Etat aura un mandat temporaire, viager ou héréditaire.

Je ne fais de la question de forme qu'une question secondaire. EN FÉDÉRATION, LA FORME GOUVERNEMENTALE N'EST RIEN!....

· · · · ·

QUAND AU FOND? — Je proteste contre les constitutions qui ont régi la France jusqu'à ce jour.

Elles ont rejeté loin du peuple le droit le plus immédiat du peuple, le contrôle; elles furent exclusivement unitaires; elles ne firent pas une assez large application du principe de la division des pouvoirs; elles ont favorisé la prépondérance et non la compensation des diverses forces composant le grand tout, la nation; elles n'ont indiqué aucun autre issu que la force dans les conflits qui peuvent survenir entre les mandataires du peuple; elles ont imposé des lois et des limites à la liberté individuelle, au-lieu d'en régler la libre extension; elles ont manqué de sanctions constitutionnelles; elles ont été aussi faciles à la dictature personnelle qu'à la dictature oligarchique; elles n'ont pu produire que des coups d'État ou des révolutions.

Ce que je veux et ce qu'il nous faut, c'est un gouvernement homogène et fier au dehors; fort, mais contrôlé et libéral au dedans; un gouvernement impuissant pour le mal, sans entraves pour le bien; un gouvernement ayant en face de lui des institutions qui règlent les droits de la liberté et de l'ordre, de la force et du progrès; un gouvernement, enfin, avec une constitution qui définisse nettement toutes les responsabilités et prévoit carrément toutes les éventualités.

Ce que je veux et ce qu'il nous faut, c'est donc une constitution qui substitue au régime exclusivement unitaire un régime qui donne à la liberté toutes les garanties de la fédération, sans priver l'État de la force que donne l'unité en face de l'ennemi public, qu'il se montre à l'intérieur ou à l'extérieur, qu'il attaque nos frontières ou qu'il porte une main fratricide sur les choses voulues par la nation.

DE LA CONSTITUTION DE L'AVENIR

Pour la politique défensive et pour l'exécutif en général, elle assurera l'unité au besoin jusqu'à la dictature; partout ailleurs, elle appliquera sur la plus vaste échelle le principe sauveur de la division des pouvoirs; elle introduira dans sa teneur des éléments nouveaux fédérativement organisés; aux pouvoirs constitutionnels déjà connus, elle donnera une origine telle, qu'il sera toujours possible d'en appeler du mandataire unitaire au mandataire fédéral, pour, en dernière analyse, soumettre la question au peuple assemblé dans ses comices; elle rendra le contrôle indiscutable, et l'abus de pouvoir impossible, elle indiquera la procédure à suivre dans tous les cas pouvant amener une perturbation sociale; elle réglera avec un soin jaloux, et d'avance, les conflits possibles entre les mandataires de la nation; elle édictera une sanction pour l'observance de ses principales dispositions; elle assurera la complète indépendance des

corps délibérants, mais elle garantira l'honneur comme la
sureté du chef de l'État et des autres mandataires du pays
contre toute attaque inconstitutionnelle de la part des individus, des collectivités ou de chacun des mandataires eux-
mêmes : l'ordre et la liberté sont à ce prix.

A CES FINS, JE PROPOSE LES DISPOSITIONS SUIVANTES :

DES CONSEILS GÉNÉRAUX. — Ils seront la base de la constitution de l'avenir.

Leur mandat demeurera essentiellement gratuit.

Ils auront un droit d'initiative général, MÊME PLÉBISCI-
TAIRE.

Mais ils ne pourront exercer leur action constitutionnelle
que COLLECTIVEMENT, et dans des formes et mesures assu-
rant l'unité gouvernementale.

La censure d'un ou plusieurs conseils généraux n'aura
de valeur constitutionnelle que si elle est adoptée par la
majorité des conseils généraux de France.

Les projets d'initiative d'un ou plusieurs conseils généraux adoptés par cette majorité, toutes affaires cessantes,
seront l'objet d'une décision immédiate de la part du mandataire ou des mandataires à qui il appartiendra de ce prononcer.

· La censure ou le projet adopté par une minorité de
conseils généraux n'aura aucune suite constitutionnelle
forcée.

La censure de la majorité des conseils généraux les mettra en conflit avec le mandataire censuré.

Le rejet d'un projet de leur initiative collective les mettra
en conflit avec le mandataire qui ne l'aura pas adopté.

Les Conseils généraux exerceront leur action constitutionnelle chaque année en une session à époque fixe. Elle
sera divisée en trois périodes séparées : *Dans la première,*
ils voteront des résolutions de leur initiative particulière et
les transmettront aux autres conseils généraux; *dans la*
seconde, ils délibéreront sur les propositions des autres
conseils généraux, pour envoyer aussitôt leur adhésion ou

leur veto à leurs collègues initiateurs; *dans la troisième*, ils recevront le résultat des votes de leurs pairs sur leurs résolutions particulières et, s'il y a lieu, les transmettront à qui de droit.

Chacune de ces périodes ne pourra être close que par l'épuisement de son ordre du jour particulier, mais elle le sera irrévocablement pour une session.

Afin d'assurer l'indépendance des conseils généraux, leur mandat sera sans intérim, c'est-à-dire que dissous de droit, ils exerceront jusqu'à ce que de nouveaux élus les relèvent de leurs fonctions, excepté dans les cas que nous prévoirons.

Lorsqu'ils croiront ne pouvoir délibérer librement au chef-lieu du département, ils pourront se réunir partout où bon leur semblera.

Tout attentat contre leurs droits sera crime de lèse-nation et sera puni de mort.

Leur session constitutionnelle, commencée à époque fixe, ne pourra être close qu'à l'épuisement de leur ordre du jour général.

Ils nommeront leurs bureaux, voteront leur règlement intérieur et leur ordre du jour.

Leurs présidents seront sénateurs de droit.

Ipso facto, ils seront convoqués en une session spéciale par tout décret qui réunira les citoyens dans leurs comices; ils demeureront en permanence jusqu'à la fin de la huitaine qui suivra le vote accompli et, a ce moment, cette session sera close de droit.

Ils fixeront les circonscriptions électorales, sous la réserve constitutionnelle qu'elles renfermeront dans leur sein une partie à peu près égale de tous les éléments sociaux dont le département se compose.

Ils indiqueront aux élections des candidats de leur choix.

Durant la période électorale, ils devront voter toutes les mesures propres à assurer, dans leurs départements, la liberté et l'ordre dont ils répondront devant la nation entière.

Outre leurs sessions constitutionnelle et spéciales, ils

auront au moins une fois l'an une session purement administrative, dans laquelle ils voteront toutes les dispositions
budgétaires, de police ou de réglementation qu'il appartiendra pour la bonne gestion des affaires du département, ainsi que les mesures nécessaires à l'instruction publique, l'Etat ne conservant qu'un droit de contrôle et de
pure inspection.

En temps de paix et en l'absence de lois d'urgence, ils
voteront le service de la réserve et de la garde nationale
mobile ou sédentaire.

Ils seront responsables devant la nation de l'instruction
et de la bonne tenue des citoyens qui, dans leur département, pourront être appelés à la défense du sol : ils auront
donc à prendre toutes les résolutions propres à cet effet.

En cas de guerre, lorsque le contingent d'un département
ne sera pas apte à entrer immédiatement en ligne, les citoyens de ce département pourront être frappés par le
Sénat d'une contribution de guerre double au moins de
leurs contributions de l'année ordinaire ; et leurs conseillers
généraux d'une amende du décuple de leur quote-part, au
minimum ; ils pourront même être traduits devant la haute
Cour, et, s'il y a trahison, punis de mort.

Les préfets n'auront plus qu'un rôle purement exécutif,
mais ils auront toujours un droit de recours au conseil
d'Etat contre les décisions *administratives* des conseils généraux, près desquels ils occuperont le siége de commissaires nationaux, avec voix délibérative et consultative, en
partageant avec eux le droit d'initiative.

Les conseils généraux présenteront trois candidats de
leur choix, seuls éligibles aux places vacantes de juge de paix.

Les conseils généraux seront appelés par la voix du sort
à la composition du jury départemental et à la composition
du jury de la haute Cour, qui connaîtra toujours en dernier
ressort des crimes ou délits politiques.

Les subdivisions du département, la commune surtout,
seront organisés comme le département ; et leurs corps
délibérants, dans leur rôle purement administratif, auront
des droits analogues à ceux des conseillers généraux.

Un sénatus-consulte réglera, pour les temps ordinaires, le mode de renouvellement de ces représentations locales. Leurs présidents pourront être appelés par voix du sort à la formation du jury départemental.

Ainsi, l'exécutif appartiendra partout au magistrat nommé par le pouvoir exécutif supérieur; le vote sera dévolu aux élus spéciaux et l'initiative à tous *ex-œquo*.

Ainsi, partout le représentant de l'exécutif conservera le rôle de commissaire national ; partout il aura voix délibérative et consultative, avec droit de recours au conseil administratif le plus immédiatement au-dessus du corps avec lequel il sera en conflit, pour delà, le conflit, s'il y a lieu, être définitivement porté au conseil d'État par les soins des représentants supérieurs du pouvoir exécutif, près des corps délibérants intermédiaires.

DES SYNDICATS GÉNÉRAUX ET PROVINCIAUX ET DES COMITÉS CANTONNAUX. — Comme contre-poids au pouvoir des conseils généraux, il importera de créer de nouveaux éléments constitutionnels. Ces créations, éminemment sociales, n'auront d'action politique qu'au Sénat; partout ailleurs, leur influence ne pourra être que spéciale, philanthropique et judiciaire.

·Leur mandat sera essentiellement gratuit.

Les syndicats généraux seront composés de dix membres au moins, représentant au moins 50,000 hommes ayant une foi commune ou une profession similaire. Ils seront nommés par les syndicats provinciaux d'une même spécialité ou d'une même croyance, et pris dans leur sein.

Les syndicats généraux des Arts et Métiers fixeront les jurisprudences des syndicats provinciaux des mêmes spéspécialités.

Les syndicats généraux des professions de foi auront pour but d'arriver sans chisme à la création d'agrégations religieuses vraiment nationales. Ils fixeront les us et coutumes, ainsi que les rites de ces agrégations, et présenteront, si bon leur semble, trois candidats seuls éligibles aux sacerdoces vacants.

Par la création d'un syndicat général, les citoyens d'une même croyance rendront leur culte religion de l'État, et lui feront profiter de tous les droits que donne un tel titre.

Les syndicats généraux seront nommés pour un temps indéfini que les syndicats provinciaux régleront. Ils seront convoqués au moins une fois l'an en session ordinaire.

Cette session ne pourra être close qu'à l'épuisement de son ordre du jour. Ils nommeront leurs bureaux, et leurs présidents seront sénateurs de droit.

Les syndics généraux par la voix du sort concourront à la formation du jury de la haute Cour.

Les syndicats provinciaux seront composés au moins de dix membres, représentant au minimum chacun 5,000 hommes d'une même croyance ou d'une profession similaire; ils seront nommés pour un temps qu'ils régleront eux-mêmes dans leurs statuts.

Seront éligibles tous ceux qui, pendant cinq ans au moins, auront pratiqué la même profession ou la même croyance, et seront électeurs tous les citoyens jouissant de leurs droits civils, ayant la même spécialité ou la même foi, et domiciliés dans un ou quelques départements limitrophes.

Le nombre de départements représentés dans un même syndicat provincial ne pourra excéder cinq; les votes seront recueillis, aux chefs-lieux de cantons, dans des comités d'initiative particulière; ces comités fixeront le mode de votation.

Les syndics provinciaux concourront par voix du sort à la formation du jury de leurs départements.

Le but des syndicats provinciaux des professions de foi est d'arriver, par l'initiative particulière, à la gratuité des cultes et à la séparation progressive des églises et de l'État.

Le but des syndicats provinciaux des Arts et Métiers est d'arriver, par leurs comités cantonnaux, à la gratuité de la justice d'une façon absolue pour la défense, et d'une façon facultative pour la demande.

À cette fin, le bureau des comités cantonnaux, ou, selon l'importance du cas, les syndicats provinciaux émettront leur avis préalable et de rigueur dans tous les litiges pouvant intéresser l'un des leurs, et ils en soutiendront la discussion devant les tribunaux.

Ces mêmes corps jugeront en premier ressort les différents qui s'élèveront entre plusieurs *des leurs*, sauf, dans un temps défini, recours aux tribunaux qui seuls appliqueront la loi sans appel : cet arbitrage n'aura donc de valeur légale qu'après un délai qu'une loi déterminera.

Avec le concours des syndicats provinciaux et du Sénat, il sera possible, sans danger, d'arriver à détruire l'inamovibilité des juges.

Leur plus admirable résultat à atteindre sera une application aussi large que possible de la fraternité par de philanthropiques institutions.

Enfin ils pourront être utilisés immédiatement pour la solution des inextricables difficultés que va nous laisser la liquidation des unitaires; la solidarité des corps d'état ou des agrégations religieuses est l'unique remède possible aux innombrables ruines que la situation nous prépare; dans tous les cas, elle seule peut ouvrir une enquête préalable et indispensable sur les causes des désastres survenus ou à survenir; seule elle peut d'une main équitable séparer les responsabilités méritées des responsabilités imméritées.

Les syndicats provinciaux et leurs comités cantonnaux seront régis par des lois de droit commun, analogues à celles qui régissent maintenant les fabriques, les prud'hommes, les associations, les réunions particulières ou publiques, les arbitrages et les expertises.

Partout l'exécutif y sera représenté pour assurer le respect de la constitution et des lois, sans aucune autre mission possible. Il importe que la plus large liberté soit donnée à ces sortes de corporations, mais il importe non moins qu'il ne puisse se former dans l'État un véritable état, ayant ses collectivités et ses individus à part, dans la généralité du territoire : et tel serait le cas des syndicats généraux sans cette attache que la patrie est en droit de leur demander.

Du conseil d'État. — Il sera le centre de toutes les forces vives de la nation, la clef de voûte de l'édifice social.
Il aura l'initiative des lois et des sénatus-consulte. Il recevra les pétitions. Il votera les ordonnances portant réglementation d'ordre public et de police. Il réformera les décisions des conseils généraux en matière administrative et
annulera leurs votes inconstitutionnels lorsqu'ils agiront
non collectivement.

Il recevra les projets de lois ou de sénatus-consulte
d'initiative des conseils généraux, mais il n'aura à délibérer
que pour savoir, si oui, ou si non, il doit en soutenir la
discussion, et d'urgence, toutes affaires cessantes, il devra
les soumettre à qui de droit.

Les conseillers d'État délibéreront toujours à huis-clos.
Ce huis-clos ne pourra être trahi sous peine d'exil; aucune
publicité ne pourra lui être donnée, même la plus indi-
recte. Cependant le chef de l'État, pour motiver un appel
au peuple, pourra décréter l'insertion dans le *Moniteur* du
compte-rendu *in-extenso* d'une ou plusieurs séances du
conseil d'État. Les autres journaux n'auront qu'un droit de
reproduction sans commentaires. Il ne pourra être fait de
protestation contre la fidélité de ces compte-rendus que
par la majorité du conseil d'État

Les conseillers d'État seront nommés pour un temps indéfini; un tiers le sera par le Sénat; un autre tiers par le
Corps-législatif; l'autre dernier tiers sera composé des
membres les plus haut placés dans la hiérarchie administrative.

Le chef de l'État sera son président de droit, mais le
reste de son bureau sera nommé par ce grand corps, qui
fixera son règlement intérieur et son ordre du jour.

Le conseil d'État sera permanent et sans intérim;
quoique dissous de droit dans les cas prévus par la Constitution, il ne cessera de siéger que lorsqu'un autre sera
constitué.

Tout conseiller d'État qui n'aura plus qualité pour siéger
ou qui devra son élection à un corps dissous, ou, enfin,
qui devra résigner son mandat, aura le droit et le devoir

de l'exercer, jusqu'à ce qu'il soit pourvu à son remplacement par qui de droit.

Le conseil d'État, sous sa responsabilité, soutiendra ses projets de lois ou de sénatus-consulte devant le Sénat et le Corps-législatif, et par des commissaires nommés spécialement par lui.

Il préparera le budget et il en soutiendra l'économie ou la politique devant qui il appartiendra.

Il aura le droit de virement en matière budgétaire.

Pendant les vacances du Corps-législatif, il pourra prendre telle mesure budgétaire qu'il croira urgente, sous la réserve expresse de faire légaliser, dans le plus bref délai, ses virements et ses mesures d'urgence par le Corps-législatif et le Sénat.

Lorsqu'une opération du conseil d'État ne sera pas approuvée par le Sénat et le Corps-législatif, il sera démissionnaire de droit et, toutes affaires cessantes, il devra être pourvu à sa reconstitution.

Ainsi s'affirmera sa responsabilité collective.

———

Du Sénat. — Il aura le pouvoir constituant.

Son mandat sera essentiellement gratuit, sans rétribution de quelque nature que ce soit.

Aucun projet de sénatus-consulte soumis à ses délibérations ne pourra être retiré; il l'amendera, le modifiera, ou même adoptera un contre-projet de son initiative propre, mais sans pouvoir sortir de la question soulevée.

Il pourra donner son avis sous forme d'ordre du jour sur tous les faits ou tous les actes émanants des autres mandataires du pays, sans se mettre en conflit avec eux. Néanmoins, pour cause d'inconstitutionalité, il provoquera un conflit entre lui et le mandataire censuré, si l'acte cause de la censure n'est pas retiré.

Pour toutes autres lois que les lois budgétaires, il aura un droit de veto suspensif pour une session, sans conflit constitutionnel·

Pour les lois budgétaires et pour les lois maintenues par le Corps-législatif après un veto suspensif, le Sénat aura droit de veto définitif, et alors il y aura conflit.

Le Sénat, lorsqu'il sera en mesure, pourra suspendre, d'une façon illimitée ou limitée, l'effet des ordonnances du conseil d'Etat portant réglement d'ordre ou de police générale ou bien autorisant soit un virement, soit une mesure budgétaire d'urgence non exécutée.

Le conseil d'Etat, en face du veto du Sénat, devra dans le plus bref délai faire convertir en lois lesdites ordonnances en les soumettant au Corps-législatif. Réciproquement, lorsque le Corps-législatif aura refusé d'approuver un virement ou une mesure budgétaire d'urgence, le conseil d'Etat pourra en appeler au Sénat.

De plein droit, le Sénat pourra toujours remplacer au conseil d'Etat, les membres nommés par lui ; il pourra les révoquer par l'adoption d'un ordre du jour, en ce cas la révocation ne peut être partielle.

Les sénateurs conseillers d'Etat, mais non commissaires du conseil d'Etat, n'auront pas au Sénat voix consultative, mais ils voteront toujours nominativement, publiquement et préalablement; de plus, sur une demande antérieure aux votes et signée au moins de dix membres, tout sénateur conseiller d'Etat, dont le vote n'aura pas été celui de la majorité, sera démissionnaire de droit.

Le Sénat votera à huis-clos les traités d'alliance. Sous peine d'exil, le huis-clos ne pourra être trahi, et nulle publicité ne pourra être donnée à ses discussions sans encourir la même peine. Cependant, dans le cas d'un appel au peuple, le chef de l'Etat pourra en décréter l'insertion au *Moniteur*; les autres journaux n'auront qu'un droit de reproduction sans commentaires.

Le Sénat exercera le droit de la nation comme nu-propriétaire de la dotation du chef de l'Etat.

Le Sénat fixera les cadres de l'administration, du personnel politique, civil, religieux, judiciaire, et militaire.

Dans l'ordre judiciaire, excepté pour les juges de paix,

le Sénat nommera trois candidats seuls éligibles à chaque vacance qui se produira.

Il révoquera les fonctionnaires de l'ordre judiciaire, après enquête provoquée par la plainte d'un syndicat général ou même d'un syndicat provincial.

Lorsqu'il y aura rébellion dans un ou plusieurs départements, lorsqu'un conseil général n'aura pas pourvu aux besoins de l'ordre en temps d'élection, le Sénat pourra nommer des commissions sénatoriales pour gérer les affaires des départements mis hors la loi.

Les commissions sénatoriales pourront être prises en dehors du Sénat; elles auront les mêmes devoirs que les conseils généraux destitués constitutionnellement.

Dans les mêmes cas et pour les mêmes causes, le Sénat pourra mettre hors la loi une ou plusieurs subdivisions d'un département, et nommer des commissions sénatoriales pour régir leurs intérêts, aux mêmes titres et avec la même responsabilité que leurs représentants spéciaux dissous.

Lorsqu'il y aura lieu, le Sénat déclarera en état de siége un ou plusieurs départements, ou bien une ou plusieurs de leurs subdivisions.

Dans un danger public éminent, lorsque la frontière sera violée ou lorsque plus de cinq départements seront en état de siége, il pourra proclamer la dictature pour un temps indéfini : Un sénatus-consulte réglera les effets de la dictature.

Le Sénat se composera : 1° Des présidents des conseils généraux; 2° Des présidents des syndicats généraux; 3° Des vingt-cinq grands commandants des armées de terre et de mer.

Le mandat sénatorial sera à temps indéfini, et ne sera interrompu que par un décret appelant le peuple à une nouvelle élection des corps électoraux nommant des sénateurs. Au cas de la dissolution du Sénat, ces mêmes corps seront de droit renvoyés à une nouvelle élection, à l'exception des conseils généraux lorsqu'ils auront été réélus après un conflit avec le Sénat.

DU CORPS-LÉGISLATIF. — Le Corps-législatif aura le vote et la discussion des lois, du budget et des traités de commerce.

Aucun projet soumis à ses délibérations ne pourra être retiré; il l'amendera, le modifiera, ou même adoptera un contre-projet de son initiative propre, sans pouvoir sortir de la question soulevée.

Il pourra donner son avis sous forme d'ordre du jour sur tous faits ou tous actes accomplis par les autres mandataires du pays, sans se mettre en conflit avec eux.

Il aura le contrôle spécial de l'emploi des deniers publics et l'exercera par délégation en nommant la Cour des comptes, dont tous les membres seront pris dans son sein. Il donnera force légale aux conclusions de ladite Cour. Chaque année elle lui soumettra un rapport, qui sera de nul effet sans l'adhésion du Corps-législatif.

Il votera soit les virements soit les mesures budgétaires d'urgence, adoptées par le conseil d'Etat. Dans le cas d'un vote improbateur sur ces opérations, ou le Sénat les approuvera et alors il y aura conflit entre lui et le Corps-législatif, ou le Sénat émettra lui aussi un vote de blâme et le conseil d'État sera dessous de droit, on procédera donc de part et d'autre à sa réorganisation.

De plein droit, le Corps-législatif pourra toujours remplacer au conseil d'Etat les membres nommés par lui en les révoquant par un ordre du jour : la révocation, en ce cas, ne pourra être partielle .

Les députés, conseillers d'Etat, mais non commissaires du conseil d'Etat , n'auront pas au Corps-législatif, voix consultative ; ils voteront toujours nominativement, publiquement et préalablement.

Sur une demande antérieure au vote, signée de dix membres au moins, tout député conseiller d'Etat, dont le vote n'aura pas été celui de la majorité, sera démissionnaire de droit.

Le Corps-législatif fixera les émoluments afférents à chaque emploi des cadres arrêtés par le Sénat pour le personnel stipendié par l'Etat.

Il votera tous les trois ans une loi, sur l'état de siége.

Le Corps-législatif sera nommé par le suffrage universel direct et secret. Le vote sera recueilli dans chaque commune. Il y aura un député par 30,000 électeurs, groupés de façon à ce que le vote ait un grand caractère de généralité. Les éligibles ne seront soumis à aucune f... alité de domicile, cette candidature étant essentic...ent cosmopolite et universelle, en opposition avec celle du Sénat, essentiellement locale ou spéciale

De plus, les élus seront rétribués ; pour leur rénumération, on adoptera le système des jetons d'entrée et de sortie : à la double fin qu'un pareil mandat ne devienne pas une sinécure lucrative, et que] le talent pauvre puisse, en l'acceptant, rendre tous les services possibles à la patrie.

DE LA COUR DES COMPTES. — Elle aura pour mission de contrôler les recettes et les dépenses de l'Etat et des départements, ainsi que l'exécution des lois budgétaires.

Ses délibérations et ses travaux se feront à huis-clos ; le huis-clos ne pourra être trahis sous peine d'exil..

Les conclusions des rapports de la Cour des comptes au Corps-législatif pourront contenir : des projets d'ordre du jour sur la politique intérieure ou extérieure ; des demandes de mise en accusation contre tous fonctionnaires ; des vœux de réformes administratives ou constitutionnelles ; enfin, une déclaration qu'il y a lieu pour les conseils généraux d'intervenir afin d'user de leur initiative plébiscitaire.

Les membres de la Cour des comptes n'auront que voix délibérative au Corps-législatif dans la discussion de leurs rapports. Il ne seront nommés que pour un an, à raison d'un membre pour un certain nombre de députés réunis par affinité d'opinion, afin que toutes les nuances s'y trouvent représentées : le contrôle étant le droit de tous. Ils auront une double rétribution de députés.

DISPOSITIONS CONCERNANT LE SÉNAT ET LE CORPS-LÉGISLATIF.
— Leurs vacances ne pourront excéder quatre mois, à
moins que la dictature ne soit déclarée. A moins de dissolution, la clôture de leurs sessions ne pourra être pronon-
cée qu'à l'expiration de leur ordre du jour; et la suspen-
sion de leurs séances ne pourra excéder trois jours.
L'exécutif sera représenté près d'eux par des commissaires
nationaux.

DISPOSITIONS APPLICABLES A TOUS LES GRANDS CORPS PO-
LITIQUES. — Ils composeront librement leurs bureaux, voteront leur règlement intérieur et leur ordre du jour, sauf
les exceptions prévues par la Constitution.

Dans les vingt-quatre heures d'un acte public ou constitutionnel, ils se donneront ampliation et réception de cet
acte par le ministère et les soins de leurs présidents.

Un sénatus-consulte réglera la forme des rapports constitutionnels des mandataires du pays, selon les us et coutumes.

Les huis-clos ne pourront jamais être trahis sous peine
d'exil; et s'ils sont trahis au profit d'une puissance étran-
gère, il y aura haute trahison : donc peine de mort.

DU CHEF DE L'ETAT. — La constitution de l'avenir assurera l'indépendance du chef de l'Etat par la création d'une
dotation foncière de l'exécutif. Il en aura la jouissance
avec tous les droits et toutes les charges d'un usu-fruitier,
les droits et les charges de la nue-propriété étant exercés
par le Sénat au nom de la nation.

Cette dotation sera telle, qu'elle permettra au chef de
l'Etat de soutenir dignement le drapeau de la France et
de pensionner lui-même les officiers et les serviteurs de sa
maison. Elle sera administrée par un surintendant des do-
maines et des palais.

Les ordres civils et militaires dépendront de la surinten-
dance.

Le chef de l'Etat aura l'exécutif; il ne sera responsable que vis-à-vis du peuple, auquel il aura toujours le droit de faire appel. Il exercera son mandat par l'intermédiaire de cinq ministres constitutionnels : le ministre de la guerre; le ministre de la justice et de l'instruction publique; le ministre de l'intérieur; le ministre de l'extérieur; le ministre des cultes et des arts et métiers. Il y aura dans chaque ministère autant de sous-secrétaires d'Etat que le Sénat le croira bon pour le service public.

Le chef de l'Etat nommera à tous les emplois, soit directement, soit par ses préfets, sous les réserves constitutionnelles.

Il sera seul, vis-à-vis de l'étranger, le représentant de la France, les ambassadeurs parleront en son nom ; sous sa responsabilité vis-à-vis du peuple, il aura le droit et le devoir de prendre toutes les mesures conservatrices que la sûreté des intérêts français exigera à l'extérieur; mais il ne pourra engager ni l'avenir ni la fortune publique que sous les réserves constitutionnelles.

Outre son droit d'initiative directe des plébiscites, le chef de l'Etat exercera près du conseil d'Etat un droit d'initiative générale, mais ses propositions n'auront de suite que si ce grand corps les adopte, et leurs discussions près des corps délibérants spéciaux ne sera soutenue qu'au nom du conseil d'Etat : en aucun cas, pour les lois et les sénatus-consultes, il ne pourra être fait de catégorie d'origine. Ainsi s'affirmera la responsabilité du conseil d'Etat, couvrant l'exécutif et détruisant le régime bâtard de la responsabilité ministérielle. Le chef de l'Etat pourra donner publicité aux séances du Conseil d'Etat, pour motiver un appel au peuple, mais en ce cas seulement.

Le chef de l'Etat, personnellement ou par délégation, présidera le conseil d'Etat; de plus il sera représenté près du Sénat et près du Corps-législatif, par des commissaires nationaux; ces commissaires, occuperont dans l'enceinte de ces deux grands corps le siège réservé dans un tribunal au ministère public; ils provoqueront des rappels à l'ordre, sur lesquels il sera délibéré, toutes affaires cessantes ; mais ils n'auront voix consultative et prépondérante que sur la question de constitutionnalité ou pour la mise en exécution des sanctions constitutionnelles ; ils pourront suspendre la discution en quittant la séance, après une déclaration motivée. Les séances, ainsi suspendues, ne pourront l'être plus de quarante-huit heures sans un décret de dissolution, mais toute délibération ou votes ultérieurs seront nuls de plein droit et inconstitutionnels. L'inviolabilité des corps délibérants ou de leurs membres sera abolie dans l'intervalle de deux session et, en cas de flagrant délit, nul ne pourra être au-dessus de la loi. Enfin les commissaires nationaux recevront ampliation immédiate des votes du Sénat et du Corps-législatif par les soins de leurs présidents; ils leur en donneront récépissé et feront à ces deux grands corps toutes les communications de l'exécutif.

La justice se rendra au nom du chef de l'Etat, qui aura le droit de faire grâce, excepté lorsqu'il sera fait application des peines constitutionnelles. Il veillera à ce que les conflits constitutionnels se vident dans les délais et conditions que la constitution de l'avenir fixera avec un soin jaloux ; il fera exécuter les lois, les sénatus-consultes et les ordonnances du conseil d'Etat, qu'il promulguera dans des délais constitutionnels.

Par cette promulgation, il donnera date certaine et exécutoire aux décisions des grands corps de l'Etat.

Dans les limites de la constitution, les décrets du chef de l'Etat auront force de loi.

Il commandera aux armées de terre et de mer en activité.

Le chef de l'Etat, dans un grand danger public, pourra être investi de la dictature dont les effets et la durée seront réglés par un sénatus-consulte. Il pourra déléguer ses pouvoirs de dictateur au citoyen qui lui en semblera le plus digne.

Dans les limites et sous les réserves spéciales de la constitution, le chef de l'Etat convoquera, prorogera, dissoudra tous les corps délibérants et il veillera à leur réélection.

Il convoquera la haute Cour qui connaîtra seule les crimes constitutionnels commis par n'importe qui, excepté par le chef de l'Etat.

En politique, il ne sera justiciable que du peuple assemblé dans ses comices pour se prononcer sur une proposition du chef de l'Etat lui-même ou sur une proposition d'initiative des conseils généraux, qui seront de plein droit en permanence lorsqu'ils demanderont sa déchéance pour violation de la Constitution.

Toute tentative de la part du chef de l'Etat pour empêcher les conseils généraux d'user de leur droit suprême sera impie et entraînera, *ipso facto*, sa déchéance constitutionnelle.

A ce moment tous les citoyens seront déliés de leur serment, serment que, sous cette réserve, la constitution sera en droit d'exiger de tous les fonctionnaires. De plus ce sera le lieu d'appliquer l'art. 52 de la déclaration des droits de l'homme :

« Quand le gouvernement viole les droits du peuple, l'insurrection est, pour le peuple et pour chaque portion du peuple, le plus sacré et le plus indispensable des devoirs. »

Ainsi la constitution de l'avenir, prévoyant les extrémités les plus graves et ouvrant des voies légales aux entreprises qui, antérieurement, n'étaient possibles que par la force, ôtera à tous les partis la seule excuse qu'ils avaient de fomenter des révolutions, rendant ainsi possible leur fusion sur un terrain commun.

Une fédération seule peut, d'un œil calme, prévoir une déchéance et en rendre l'événement légal et constitutionnel sous n'importe quelle forme de gouvernement, que le mandat du chef de l'Etat soit temporaire, viager ou héréditaire.

Un sénatus-consulte réglera facilement la procédure à suivre dans l'un ou l'autre cas : soit qu'il faille recourir à une nouvelle élection, soit que, par la nature des choses, la succession du chef de l'Etat soit déclarée ouverte.

En donnant aux conseils généraux (les pouvoirs les plus près du peuple), cette suprême et délicate mission, la constitution fédérale, détruira toute rivalité et toute suprématie entre des mandataires jusque-là rivaux, et dont l'antagonisme, sous l'unité, a toujours été une cause de ruine pour le pays.

DES CONFLITS CONSTITUTIONNELS. — Lorsque deux mandataires ne seront pas du même avis sur un terrain commun, il y aura conflit constitutionnel.

La constitution de l'avenir, résolue à bannir la force mise au service de la solution des problèmes sociaux ou politiques, réglera minutieusement la procédure à suivre pour vider un conflit. Elle s'appuiera sur un principe général, sinon absolu, qui peut se résumer ainsi : Des deux mandataires en conflit, le plus près du peuple devra être renvoyé à de nouvelles élections.

Il se produira alors un des trois cas suivants :

Ou le peuple enverra de nouveaux mandataires aux corps dissous ayant les mêmes opinions que le corps adverse, et le conflit sera clos.

Ou les mandataires réélus soutiendront les doctrines de leurs prédécesseurs, alors le corps adverse sera renvoyé à de nouvelles élections, pour que le peuple remplace ses membres par d'autres élus ayant une opinion conforme à ses vues.

Ou bien enfin il pourra arriver que les mêmes mandataires, ou des mandataires ayant des opinions identiques à celles des premiers soient élus de part et d'autres, alors la question parfaitement débattue devant le pays, ramené à un oui ou à un non, sera soumise directement au peuple, et les mandataires passeront à d'autres travaux.

Il est incontestable que les masses ne peuvent par elles-mêmes préparer et discuter les lois; il est de toute importance qu'elles aient des mandataires spéciaux, à qui elles donnent toute autorité et toute liberté à cet égard. Mais, lorsqu'il s'agit du vote, leur intervention est toujours possible; elle devient indispensable, lorsque leurs mandataires, à titres divers, ne peuvent tomber d'accord sur un point nommé. La nation a seule alors le droit de trancher la question elle-même.

En thèse générale, le mandat impératif est une lâche abdication pour celui qui l'accepte, et un acte de tyrannie pour celui qui l'impose ; mais, sur un point préalablement controversé, il a son incontestable raison d'être : le mandant et le mandataire en tout état de cause demeurant préalablement libres, qui de donner, qui d'accepter un mandat connu.

Le règlement des conflits constitutionnels est le couronnement nécessaire d'une constitution démocratique. Et qu'elle est, jusqu'à présent, la constitution qui l'ait mis en usage par le seul jeu de ses prescriptions ?...Ce que l'unité n'a pas fait, la fédération peut seule le faire.

CONCLUSION

Ne pas laisser s'épuiser en vains efforts une génération qui se cherche ; reléguer dans le passé les vieux partis et leurs tristes héros ; sur le champ de bataille d'un gouvernement fédéraliste donner à la lutte son vrai caractère ; poser face à face le capital et le travail, la production et la consommation, en les mettant à même de discuter et d'arrêter leur mode de vivre ; puis au lieu de détruire ou de favoriser les uns ou les autres, arriver à l'équilibre social par la compensation de leurs tendances réciproques ; briser l'unité en ce qu'elle a de mauvais, la maintenir énergiquement en ce qu'elle a de bon ; faire que Paris n'absorbe plus la province et les cités, la campagne ; en favorisant la liberté individuelle contre l'État, faire échapper l'individu au servage moral que prétendent lui imposer les grands centres et les grandes fortunes ; rendre impossible cette chose odieuse, une minime fraction de citoyens violant la volonté de la nation ; en créant l'association constitutionnelle, désorganiser les sociétés secrètes dont l'action dissolvante a laissé la France, au moment voulu, sans force morale, c'est-à-dire sans patriotisme ; remplacer la responsabilité ministérielle, illusoire et désastreuse, par la responsabilité effective et logique d'un conseil d'État fédéral ; faire des conseils généreux le boulevard du droit et du juste, de la liberté et de l'ordre, du pouvoir exécutif et des institutions : LA EST LE SALUT, PARTOUT AILLEURS LA DÉCADENCE.

Par l'étude du passé, il est facile de présager de l'avenir.

En effet la lutte y existe toujours, partout on sent l'influence des deux grands courants créateurs : le bien et le mal. Or, rêver la vie sans lutte, c'est rêver l'impossible. Pour les nations comme pour les individus, la négation de la lutte, c'est le néant.

Il y a des heures dans la vie des peuples où la lutte semble devoir s'éteindre, c'est qu'alors elle se transforme.

Dans l'ancienne France, elle existait entre le vainqueur et le vaincu, le Franc et le Gaulois, le seigneur et le manant.

La révolution, en détruisant les priviléges et en proclamant l'égalité, crut détruire l'antagonisme ; elle ne fit que créer un nouvel état de choses où d'autres éléments reconstituèrent la lutte, condition essentielle de la vie. Cependant, Pendant un demi-siècle, l'illusion fut possible ; durant cette époque si agitée, la société nouvelle se fonde, elle s'ignore elle-même.

Mais bientôt la lutte à l'état latent s'accentue et de jour en jour s'affirme ; enfin, le doute n'est plus permis : Le capital et le travail, la production et la consommation sont aux prises, et l'histoire de leur antagonisme sera l'histoire des temps futurs.

En pareille occurence, quel doit être le rôle de l'exécutif ?

Doit-il se faire révolutionnaire avec le travail et la consommation, ou conservateur avec le capital et la production?... Non, il doit se désintéresser dans la lutte.

Dans l'ancien état des choses, nos rois ont dépassé la mesure ; leur politique unitaire, soutenue de concert avec les vaincus contre la fédération féodale, a été bonne jusqu'à Henri IV.

A ce point la noblesse, au lieu d'être l'Etat, n'était déjà plus qu'une force dans l'Etat ; il fallait la conserver en la transformant progressivement, tout en donnant place au soleil à l'élément populaire, cette autre force sourdement militante.

C'est alors que la liberté à l'anglaise eut été possible : le poignard de Ravaillac la tua.

Richelieu vint qui brisa la noblesse ; Louis XIV qui l'asservit ; enfin Louis XV qui l'avilit.

L'équilibre ne pouvait plus être, et la révolution éclata.

Il advint nécessairement que l'élément populaire, jeune, vaillant, n'ayant aucun contre-poids et portant au front la couronne du martyr, fit table rase et tout périt : la noblesse et le trône.

Dans cette immense calamité que l'on nomme 93, chacun a sa part de responsabilité : le populaire par son impatience, la noblesse par son servilisme, le trône par son ineptie.

Il y eut un progrès immédiat et certain, mais faut-il en conclure que ce progrès nécessitait la révolution qui semble en être la cause ? Avec d'autres éléments sociaux se pondérant mieux, ce même progrès n'eut-il pas été acquis sans larmes ni sang ?

Le progrès, dans la société, est-il la conséquence des faits ? N'est-il pas plus juste de dire que les faits ne sont que la conséquence des progrès acquis et des idées acceptées par une nation ?

Je crois que tout plie devant l'idée ; qu'il n'est nullement besoin de sortir de la loi et de l'ordre lorsqu'une société est mûre pour un progrès : avec un peu de temps, il s'impose.

L'avenir de la nouvelle France peut être compromis par les mêmes fautes. Elle me semble vouloir s'engager sur cette pente fatale, il est temps de changer en une source de vie les germes de mort qu'elle porte dans son sein.

Non, le pouvoir suprême ne doit pas chercher à détruire l'antagonisme des forces sociales co-existentes en favorisant les uns au détriment des autres, mais il doit créer la stabilité par leur compensation.

La lutte doit être libre dans ses tendances ; elle ne peut être contenue que dans ses moyens ; elle doit être à armes égales et doit se produire au grand jour.

La compensation des forces sociales, c'est l'ordre social.

N'est-ce pas par la compensation des deux éléments créateurs, le bien et le mal, la mort et la vie, que l'ordre règne dans l'univers?

L'exécutif ne doit pas se faire le champion de l'un ou l'autre camp; dans l'arène politique il n'a qu'un rôle, celui de juge du tournoi. Devant sa majesté, libres, mais agissant selon certaines règles, les adversaires s'inclineront et l'accepteront comme un gage d'alliance et de justice également indispensables aux uns et aux autres. Porte-drapeau de la France et grand exécuteur de ses volontés, rien, après la divinité, ne sera pour tous plus auguste et plus respectable.

A LA NOUVELLE FRANCE

La France d'hier et celle d'aujourd'hui se résument ainsi :

Des exploiteurs et des caudataires; des maîtres et des valets; des prophètes et des séides; des infaillibles et des prosélites.

Où sont tes homme? tes hommes libres, ô France de demain! où sont tes hommes pensant et agissant d'eux-mêmes? tes hommes cherchant leur mot d'ordre dans leur cœur et leur conscience, et non dans les écrits de journalistes affamés ou dans les dire d'avocats ardents à la curée.

Où sont-ils ces contempteurs du servage moral, ces amants de la liberté individuelle ?

O pauvre, ô chère nouvelle France, que ton enfantement aura coûté de larmes, de mécomptes, de déceptions! Mais relève la tête et connais-toi donc enfin; sache vivre, toi, la jeunesse et la force; toi l'intelligence et la science acquise.

Eh quoi! ne sépareras-tu pas ta cause de celle des vieux partis qui se sont usés à discuter des questions de forme, au lieu d'élever le débat et d'améliorer les idées?

Ne les imites pas, leurs aspirations sont fausses.

Fuis et maudis ces grands hommes, clair de lune des grands noms d'autrefois.

Ils n'ont au cœur qu'un égoïsme sans frein.–Plagiaires ou

calomniateurs, ils ne savent qu'imiter ou salir. Le patriotisme n'est qu'un mot pour eux. Pour ces héros de bas
étage courir sus à leur objectif, le pouvoir, en trépignant
sur le sein de la patrie: voilà le but, voilà le rêve. Et que
leur importe la France à ces citoyens du monde, à ces
agioteurs de l'honneur national.

Nous les avons vus toujours prêts à renverser, ne sachant
s'ils élèveraient le lendemain une masure ou un palais, à la
place de la maison détruite la veille.

Nous les avons vus poussant l'infamie jusqu'à prêter main
forte à leurs pires ennemis, pour frapper un adversaire
triomphant.

Nous les avons vus, partiaux jusqu'à la démence, se payant
de mots sonores plutôt que de chercher une idée pratique
ou juste, et trouvant sublimes sous d'autres noms les mêmes
abus qu'ils qualifient outre mesure lorsqu'ils profitent à
d'autres.

Haine aux chefs du passé, à tous, car il est impossible
de dire où sont les plus grands coupables dans ce troupeau
de parjures.

Qui renfermait le plus d'orgueil du manteau troué de
Diogène ou de la simarre d'Alexandre?

Lequel abrite le plus de morgue, d'infatuation et d'into-
lérance haineuse du frac noir d'un illustre incorruptible ou
du manteau brodé d'un courtisan parvenu?

Voilà l'unité et ses hommes des deux pôles.

Grâce à elle, toute représentation du peuple est devenue
une illusion; l'urne est un piédestal à l'ambition, au
mensonge, à la trahison, au pillage.

O Français, vous donnerez vous donc toujours des maîtres? Vous faudra-t-il toujours consacrer de vieilles ambi-
tions, courber la tête et abdiquer!

L'heure est solennelle. prenez une résolution virile. Rien
des vieux partis, rien des hommes du passé. Le passé c'est
l'unité et toutes ses misères.

Si vous n'êtes pas las du joug, soutenez l'unité; si vous
avez soif de liberté, rangez-vous sous la bannière fédérale.

Avec la fédération, quel que soit la forme du gouvernement à intervenir, vous ne pouvez qu'être libres et maîtres de
vous; avec l'unité, vous ne pouvez qu'être dupes : que
chacun choisisse selon ses instincts.

Mais ce sera grande pitié, après tant de leçons et quelles
leçons ! si nous retombons dans les mêmes erreurs, si nous
ne revendiquons pas le plus sacré de nos droits, celui de
disposer de nous-mêmes.

Hommes de ma génération, maudite soit à jamais notre
mémoire si nous ne laissons pas à nos enfants une situation
nette, sans ambage et à l'abri de toutes ces douloureuses
défaillances qui ruinent la patrie. Hommes de tous les
partis, hommes de tous les drapeaux, Français, soyons nos
maîtres d'abord, et ensuite nous adopterons la forme de
gouvernement qu'il conviendra. Hommes libres, édictons
les conditions que nous voulons imposer à nos mandataires
et n'attendons pas lâchement qu'ils veuillent bien no... oc-
troyer une constitution en dehors de nous.

Avant tout, réclamons pour nos conseils généraux un
rôle constitutionnel immédiat et collectivement prépondé-
rant. Nos conseils généraux sont nos seuls, nos vrais mandataires. Ils demeurent parmi nous; ils sont sortis de nos
rangs; ils vivent de notre vie; nos intérêts sont les leurs,
et leurs aspirations sont l'écho fidèle de nos volontés ; enfin
ils ne peuvent trahir leurs promesses sans immédiatement
entendre gronder la protestation populaire de leurs man-
dants :

Les conseils généraux, c'est nous-mêmes.

L'heure est venue; que vas-tu faire, ô peuple roi?

Peuple roi, comme tous les puissants, tu aimes l'adula-
tion, tu aimes la flatterie; à quiconque caresse ton orgueil
et exploite tes instincts, même les plus mauvais, tu réserves tes plus belles faveurs.

Malheur à qui, la tête haute, te dit carrément sa pensée,
tu le brises; aussi n'as-tu que des valets, des valets pillards
et sans vergogne, à qui tu livres ton plus beau trésor, ta
liberté.

Roi fainéant, tu prostitues ton sceptre pour vivre dans un

lâche repos, insoucieux de la patrie qui court à la décadence et à la ruine morale.

Peuple roi, sache-le, l'auteur de tous tes maux c'est toi; le fauteur de tes misères, c'est toi; le traître à ta noble cause, c'est toi; l'origine de tes vastes souffrances, c'est toi ! Et que m'importent les hommes et les choses! Ces hommes tu les as voulus; ces choses tu les as consenties.

N'es-tu donc pas las de traîner dans l'ornière ta sublime Majesté? N'es-tu donc pas las d'être le jouet de tes valets? Ecouteras-tu une voix désintéressée? Te souviendras-tu que tu es le maître? le maître, entends-tu?...

Est-ce donc une fatale malédiction que tu ne feras jamais mentir cette apostrophe de l'évêque de Reims!! Et permettras tu toujours à tes nouveaux maîtres de s'écrier : « Courbe la tête, fier Sicambre, brûle ce que tu as adoré, et adore ce que tu as brûlé. »

Tu sais ce que l'unité exclusive t'a valu, tu sais que tu ne peux user de ton libre arbitre que par la fédération, que vas-tu faire, Peuple roi?

Sauras-tu dire une bonne foi JE VEUX; JE VEUX sans cesse, à toute heure du jour, à chaque instant, dans tous les actes qui décident de ma fortune et de mon honneur, JE VEUX pouvoir élever la voix; JE VEUX donner ou retirer mes pouvoirs selon mes intérêts ou mes aspirations; JE VEUX ne subir que les conséquences d'actes consentis par moi........

Sache donc dire: JE VEUX! O peuple roi !

Les peuples libres sont seuls dignes de vivre.

....

....

O Vergniaud, Gensonnet, Barbaroux, Ducos, Fonfrède! O Girondins, grandes ombres, nobles victimes de Robespierre, l'unité faite homme! Sortez de votre torpeur, secouez vos linceuls et jetez en France les nobles aspirations de vos âmes magnanimes!

À L'OMBRE DE MON FRÈRE, TOMBÉ SOUS LES MURS DE METZ

— ·>·<·< —

LES UNITAIRES

« Ils ont dit : faisons notre bien
   » De l'homme notre frère,
   » Entourons-le d'un lien
» Fait d'espérance et de colère,

   » D'espérance sans lendemain,
   » De colère impuissante ;
   » Et que sous notre main
» Se meurt son âme frémissante :

   » L'âme à qui la divinité
   » A donné sur la terre,
   » Superbe royauté,
» Le droit d'être soi dans sa sphère.

   » Oui, il abdiquera pour nous,
   » Tyrans impitoyables ;
   » Et, baisant nos genoux,
» Vendra ses droits inaliénables.

   » Il les vendra pour un hochet,
   » Pour un nom, soit encore
   » Pour le brillant reflet
» D'un rêve au nom sonore.

   » Promettons lui, qui, le bonheur,
   » Qui, sanglante victoire,
   » Et de son dur labeur
» Nous aurons les fruits ou la gloire. »

3.

Ils ont dit..... Et dans ses enfants
    La France désolée,
    Pendant près de cent ans,
Fut à leurs haines immolée.

Pour leur orgueil, quels flots de sang !
    Que d'or et que de larmes !
    Quels deuils, et par moment,
Quelles énervantes alarmes !...

Et l'homme par l'homme exploité
    Est devenu la chose
    D'un factieux éhonté,
Qui le sacrifie à sa cause.

Il oublie et sa dignité
    Et sa noble origine,
    La sainte liberté
Dont le dota la main divine.

Il n'a plus en lui frémissant
    Ce tribunal auguste,
    L'austère sentiment
Du vrai, du juste et de l'injuste.

Et l'homme courbé n'est plus lui,
    Sur le geste d'un maître,
    Il renie aujourd'hui
Ce qu'hier il devait reconnaître.

Qu'importe à ce renégat
    Son pays qu'il prostitue,
    Les rênes de l'État
Sont aux mains de ceux qu'il salue !...

Comme il vend alors sans pudeur
    L'honneur de la patrie,

De la France — O douleur !
Salie, abaissée, flétrie.

Du droit sublime palladium,
    L'urne sainte est livrée
    Aux rictus du forum,
Aux mépris de l'Europe outrée.

Un grand principe va périr,
    Mais les chefs aimés règnent !
    Qu'ils puissent s'assouvir
Et que les principes s'éteignent.....

Les patrons volent le pouvoir,
    Et leurs sots caudataires
    Sont joyeux de les voir
S'ébaudir, ivres des affaires.

Et les votes sont bafoués,
    Et la loi dernière
    Est l'œuvre des roués
Qui les ont traînés dans l'ornière.

Et par ces fourbes ambitieux
    La conscience publique
    Se perd, naufrage odieux,
Ruine implacable, fatidique !...

La mort, la décadence est là,
    O ! ma France abusée,
    Toi que l'on appela
Le grand foyer de la pensée !

Elle est là... vas-tu donc périr ?
    Ne peux-tu par toi-même
    Vivre sans défaillir ?...
Oh ! réclame ton droit suprême...

Garde pour toi ta liberté,
    Et ne livre à personne,
    Dans la postérité,
Les beaux fleurons de sa couronne.

Chasse les chefs de ton passé,
    Que leur mortel servage,
    Par tes fils délaissé
Demeure maudit d'âge en âge.

Plus de vainqueurs, plus de vaincus
    Sous les lois souveraines...

. . . .

    Ils ont assez vécus
Ces hommes et leurs tristes haines !

Monsieur le Conseiller Général,

A quelque parti que vous apparteniez, quelques soient vos amitiés politiques, blessée par tant de malheurs survenus à la patrie, votre âme de français doit aspirer à un état de choses qui en rende le retour impossible.

Résoudre ce difficile problème a été ma tâche dans cette brochure.

Si mes idées avaient le malheur de ne pas vous agréer, vous leur rendrez cette justice qu'elles sont inspirées par le plus ardent amour du bien public.

Si mon espoir n'est pas déçu, et que ma pensée trouve chez vous un écho sympathique, veuillez la faire vôtre et lutter pour la propager : l'hésitation n'est pas permise à un homme de votre valeur, en face d'un rôle qui devra séduire votre âme patriotique.

Il convient de s'élever au-dessus des hommes et des choses, d'oublier nos déceptions et nos espérances, nos amours et nos haines, enfin de voir la situation politique bien en face. Peut-être rendrons nous d'immenses services à la patrie, mais à coup sûr nous fonderons la liberté en réclamant le plus sacré de nos droits, le contrôle, par la voix pacifique et légale de la pétition.

A ces fins, il importe que tout ceux qui pense sainement en France se concertent pour créer une grande, mais pacifique agitation fédéraliste, toute dans l'ordre, dans la loi, et dans l'observance des droits de l'homme. Il importe que tout ce qui a une valeur dans une localité, prête la main à ce mouvement en agissant vigoureusement dans sa sphère pour arriver à créer dans toutes les communes, tout au moins dans tous les cantons, des comités agissant séparément mais dans un but commun. Et ce but est d'arriver au plus tôt, quelques soient les événements, à ce que le peuple soit éclairé sur sa situation, à ce qu'il puisse contrôler, et au besoin diriger les opérations d'hommes qu'il ne convient jamais de suspecter, mais qui sont faillibles et qui ont en main le sort d'une nation immense, infiniment trop grande responsabilité !...

Quel devra être le rôle de nos comités ?

1° A cette heure néfaste, et si cela n'est pas possible immédiatement, demander au plus tôt la réélection des conseils généraux chargés d'un rôle politique.

2° Exiger, dans le plus bref délai, la mise en vigueur des garanties que nous croyons être la sauvegarde de la liberté et de l'ordre ; surtout en matières constitutionnelles; puis enfin en poursuivre sans cesse la réalisation si on ne les obtient de suite ;

3° Créer des candidatures fédéralistes pour toutes les élections à intervenir, avec un mandat impératif sur des points communs.

Je vous propose les formules suivantes de pétitions et de serment, et je vous invite à les discuter.

Dans l'attente de votre concours, veuillez agréer mes salutations empressées.

X. PINTRE,

2, place des Cordeliers, Bordeaux.

Depuis six mois, ce livre est prêt; je ne l'ai pas publié par un patriotisme exagéré et pour n'avoir pas à me reprocher d'avoir fait la plus mince opposition à des gens, qui, certes ne méritaient pas tant d'égard.

C'en est fait : la France a été mise à l'encan et les unitaires républicains ont mis la surenchère.

EST-CE ASSEZ ?...

Pétition à l'Ass mblée Nationalo

Attendu que l'on n'avait pas le droit de dissoudre les conseils généraux ;

Attendu que priver le département d'une représentation locale est une insulte à son droit et à son patriotisme ;

Attendu que nos représentants locaux ont, dans leur ensemble, un immense caractère d'universalité et que par là ils peuvent servir la cause de la France ;

Nous demandons :

Que les conseils généraux soient aussitôt réélus ;

Qu'ils puissent correspondre entre eux et prendre des résolutions collectives ;

Qu'ils soient en permanence ; qu'ils soient inviolables ; qu'ils soient maîtres de leur ordre du jour et du lieu de leur séance ;

Que, collectivement, ils aient un droit d'initiative générale ;

Qu'ils puissent opposer un veto collectif aux résolutions de l'Assemblée en formulant un appel au peuple exécutoire, toutes affaires cessantes.

Pétition devant être envoyée chaque année aux
futurs pouvoirs, quels qu'ils soient.

Considérant que le droit d'édicter est tellement auguste
et comporte une telle responsabilité, que ceux mêmes qui
en sont chargés doivent chercher à s'entourer de toutes les
garanties qui peuvent les éclairer sur l'esprit public pour
arriver à un état de choses indiscutable dans sa perfectibi-
lité pacifique et légale ;

Considérant que la division des pouvoirs est la plus pré-
cieuse des garanties de la liberté et de l'ordre.

Nous demandons :

Que les conseils généraux soient assemblés chaque année,
à époque fixe, en une session constitutionnelle ;

Qu'ils soient inviolables ; qu'ils fassent leur ordre du jour,
et qu'avant son épuisement ils ne puissent être renvoyés
à une autre session ; qu'ils puissent au besoin délibérer ou
bon leur semblera ;

Qu'ils puissent correspondre entre eux et prendre des
résolutions collectives ;

Qu'ils aient un droit général d'initiative et de contrôle
exercé collectivement ;

Qu'ils puissent formuler un appel au peuple exécutoire,
toutes affaires cessantes.

NOTA. — Quel triomphe, si nos signatures équivalaient au plus con-
cluant plébiscite !

Quiconque ne saura signer, y apposera une croix attestée par deux
témoins.

Mandat impératif à imposer à nos futurs candidats.

Sur mon honneur et ma conscience, j'accepte et je promets, dans la mesure de mes forces, de faire triompher les grands principes fédéralistes, notamment :

Le droit de contrôle et d'initiative universelle, exercée collectivement par les conseils généraux.

———

A ceux à qui j'aurais expédié ce livre sans
demande préalable.

Monsieur,

Je confie ce livre à votre honorabilité, vous voudrez
bien lui donner tous vos soins.

S'il vous était agréable de le garder, son prix courant
est d'un franc, veuillez m'envoyer immédiatement cinq
timbres postes de vingt centimes dans une lettre, ou vous
m'honorerez soit de votre adhésion soit de votre critique.

Le bénéfice de ces brochures doit être employé à la
création d'un journal fédéraliste. En gardant celle que je
vous envoie vous servirez l'ordre et la liberté que les circonstances menacent.

Dans le cas où il ne vous plairait pas de la conserver,
veuillez me la renvoyer au plus tôt franco : ce faisant, vous
aurez droit à ma reconnaissance.

S'il ne vous était pas loisible d'agir ainsi, je ferai mon
possible pour vous en faire décharger au plus tôt.

Excusez-moi de vous mettre à contribution, mais tous
les honnêtes gens se doivent un mutuel concours dans ces
temps maudits, et je n'hésite pas à croire que vous ne me
ferez éprouver, sous ce rapport, aucune désillusion.

Recevez l'assurance de mon profond respect.

X. PINTRE,

2, place des Cordeliers, Bordeaux.

Bordeaux. — Imp. J. Pechade, 12, rue du Parlement-Saint-Pierre, 12.

CHEZ LES PRINCIPAUX LIBRAIRES

NI RÉPUBLIQUE, NI MONARCHIE

LA LIBERTÉ

Synthèse politique

PAR

J.-B.-X. PINTRE

Auteur de l'analyse intitulée : Le Catéchisme du Citoyen

Appel à la Jeunesse

Bordeaux. — Imp. J. Péchade, rue du Parlement-St-Pierre, 12.

VA PARAITRE INCESSAMMENT

L'UNITÉ

SES HOMMES ET SES CHOSES

DEPUIS CINQ ANS

LIVRE I	LIVRE II	LIVRE III
Malédiction sur 1830	En avant roi Guillaume	L'ENCAN